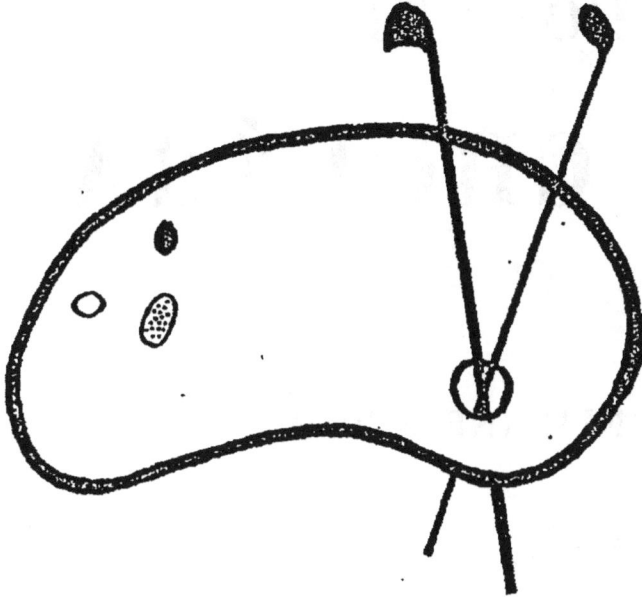

**DEBUT D'UNE SERIE DE DOCUMENTS
EN COULEUR**

BLIOTHÈQUE DE LA JEUNESSE CHRÉTIENNE

SÉRIE PETIT IN-12

L'ORPHELIN
DU CHOLÉRA

PAR

ÉTIENNE GERVAIS

TOURS

A. MAME ET Cⁱᵉ IMPRIMEURS-LIBRAIRES

BIBLIOTHÈQUE DE LA JEUNESSE CHRÉTIENNE

SÉRIE PETIT IN-12

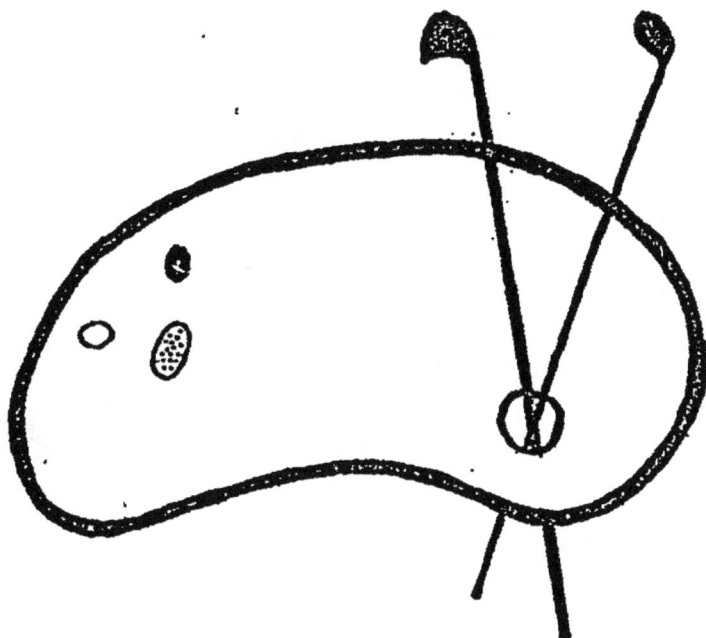

FIN D'UNE SERIE DE DOCUMENTS
EN COULEUR

BIBLIOTHÈQUE

DE LA

JEUNESSE CHRÉTIENNE

APPROUVÉE

PAR Mᵍʳ L'ARCHEVÊQUE DE TOURS

—

SÉRIE PETIT IN-12

« Vous ne savez pas à qui vous parlez, retirez-vous. »
(P. 51.)

L'ORPHELIN

DU

CHOLÉRA

PAR

ÉTIENNE GERVAIS

TOURS

ALFRED MAME ET FILS, ÉDITEURS

—

1877

L'ORPHELIN

DU CHOLÉRA

I

Introduction.

On n'a pas perdu le souvenir de cette dé-
plorable journée du mois de février 1831,
où, sous prétexte d'une manifestation politique qui aurait eu lieu à l'occasion d'un
service funèbre célébré à Saint-Germain-
l'Auxerrois pour le repos de l'âme du duc de
Berry, assassiné onze ans auparavant (13 février 1820), une foule furieuse, au sortir des
bals et de l'orgie du carnaval, se rua sur
l'antique basilique, la saccagea de fond en

comble, abattit la croix qui s'élevait au faîte du portail, et aurait démoli l'église elle-même sans l'intervention tardive de l'autorité.

On se rappelle qu'après ces actes d'un vandalisme stupidement impie, la même foule, excitée et enivrée par ses propres excès, se porta au palais de l'archevêché, proférant des injures et des cris de mort contre l'archevêque, Mgr de Quélen. Le vénérable prélat n'eut que le temps de se soustraire par la fuite à la fureur de ces énergumènes; mais ils envahirent son palais, contigu à l'église Notre-Dame. Ils le fouillèrent du haut en bas pour y trouver, disait-on, des poignards et des barils de poudre, destinés à armer les contre-révolutionnaires; puis, rendus plus furieux par l'inutilité de leurs recherches, ils livrèrent ce palais au pillage et à la dévastation. Après avoir brisé et brûlé les meubles, jeté dans la Seine ou dans le feu les livres rares et les manuscrits précieux de la bibliothèque, ils se mirent à démolir l'édifice lui-même, et n'y laissèrent pas pierre sur pierre.

Depuis sept mois ce prélat était obligé de se tenir caché pour se dérober aux persécutions auxquelles il était en butte depuis la révolution de juillet 1830 ; les événements de février le condamnèrent à une retraite encore plus profonde ; mais il n'en veillait pas moins sur les besoins de son diocèse, attendant avec résignation que la Providence lui ménageât l'occasion de reparaître sans danger au milieu de son troupeau. Dieu ne tarda pas à lui fournir cette occasion, en même temps que les moyens de se venger dignement de ses persécuteurs.

Au mois de février 1832, précisément à l'époque anniversaire du pillage de Saint-

Germain-l'Auxerrois et du sac de l'archevêché, le fléau le plus épouvantable dont l'hu-
manité puisse être atteinte, le choléra, vint
fondre sur Paris, après avoir ravagé la
Russie, la Pologne, le nord de l'Allemagne
et l'Angleterre.

Bientôt la terreur inspirée par le redou-
table fléau fit taire toutes les préoccupations
de la politique. Ses coups, qui, d'abord clair-
semés, n'avaient atteint que des individus
appartenant aux classes les plus misérables,
ne tardèrent pas à frapper indistinctement
dans tous les rangs de la société. La panique
devint générale parmi les habitants de la
grande cité ; tous ceux à qui leur fortune le
permettait se hâtaient de fuir un séjour re-
gardé comme un foyer d'infection. Tandis
que les peureux et les riches s'éloignaient en
toute hâte pour aller chercher un air pur et
un climat plus sain, l'archevêque jugeait

que le moment était arrivé de *rompre son ban* et de rentrer dans sa ville épiscopale, pour partager les dangers de son troupeau, prodiguer des soins et des consolations aux mourants, encourager et secourir ceux qui avaient survécu. Et ce n'est pas dans les quartiers riches et les moins infectés qu'il se montre tout d'abord, c'est à l'Hôtel-Dieu, c'est au milieu des malades et des mourants entassés par la contagion, que le prélat reparaît pour la première fois, et qu'il établit en quelque sorte sa résidence. « Ce n'est pas « assez pour lui des secours si abondants « que la charité chrétienne lui donne à dis-« tribuer, il y joint l'abandon de son traite-« ment; il veut que sa maison de Conflans « devienne une maison de convalescents, et « que le séminaire de Saint-Sulpice soit « transformé en infirmerie. On le voit trans-« porter des cholériques dans ses bras, et si

« l'un d'eux qu'il bénissait lui crie : « Reti-
« rez-vous de moi, je suis un des pillards
« de l'archevêché, » on l'entend répondre :
« Mon frère, c'est une raison de plus pour
« moi de me réconcilier avec vous et de
« vous réconcilier avec Dieu. » Enfin, c'est
« dans les salles de l'Hôtel-Dieu, c'est en
« voyant tant de pères et de mères de famille
« précipités dans le tombeau qu'il conçut
« l'idée de cette œuvre admirable des *Orphe-
« lins du choléra*. Il fallait, pour la fonder et
« en assurer l'avenir, inspirer de nouveaux
« efforts, demander à la charité publique
« de nouveaux sacrifices. M⁣ᵍʳ de Quélen,
« qui ne s'était encore montré dans aucune
« église, voulut s'acquitter lui-même de
« cette mission. On annonça qu'il prêcherait
« à Saint-Roch pour les *orphelins du choléra*.
« Pauvres et riches, toutes les classes de la
« société parisienne accoururent. De longues

« files de voitures et des flots pressés de pié-
« tons assiégeaient les avenues du saint lieu,
« où la voix du prélat allait rompre un si-
« lence gardé depuis si longtemps. Que
« cette scène, dont tant de personnes con-
« servent encore la mémoire, se fût passée
« au temps de saint Vincent de Paul ou de
« Charles Borromée, nous ne trouverions
« pas de pinceaux assez éclatants pour en
« consacrer le souvenir. Laissons au passé
« toutes ses gloires; mais n'amoindrissons
« pas le temps présent; l'avenir lui rendra
« toute justice; il n'oubliera pas cet arche-
« vêque de Paris rompant son ban, sortant
« de la retraite où la violence et la persécu-
« tion l'avaient forcé de se renfermer, pour
« demander à tous les pères, à toutes les
« mères, à tous ceux qui portent quelque
« pitié au cœur, d'adopter tant d'enfants
« auxquels le fléau venait d'enlever ceux

« que la nature leur avait donnés pour les
« nourrir et les protéger [1]. » C'est ainsi que
l'archevêque de Paris se vengea de ses persécuteurs.

[1] M. Molé, Discours de réception à l'Académie
française. — Le discours prononcé à Saint-Roch par
Mgr de Quélen fut suivi d'une quête qui produisit
trente-trois mille francs. Il prêcha encore à Notre-
Dame pour la même œuvre, le 29 décembre 1834, et il
recueillit trente mille francs.

II

Une soirée de carnaval en 1832.

« Eh bien, Bichet, tu n'es pas encore prêt? il est six heures, les amis nous attendent, et nous allons être en retard.

— Faut-il avoir du malheur! une si belle fête, et où nous nous serions tant amusés!... Vois-tu, mon cher Molard, il faut que j'y renonce.

— Et pourquoi?

— Ma femme est sur le point d'accoucher; il est vrai que la mère Pichelot, notre voisine, veut bien veiller auprès d'elle.

— Alors, viens, mon vieux; songe qu'on

compte sur toi pour la mascarade de ce soir,
et surtout pour ce fameux sermon qui nous
a tant fait rire l'année dernière à pareil jour,
après que nous avons eu si joliment travaillé à
Saint-Germain-l'Auxerrois et à l'archevêché;
t'en souviens-tu?

— Si je m'en souviens! je crois bien, et
depuis plus de trois mois nous ne parlions
que de fêter cet anniversaire au prochain
carnaval. Penses-tu que je n'aimerais pas
mieux aller faire la noce avec vous autres,
que de rester ici à *m'embêter* comme je vais
le faire?

— Et qui te force de rester, encore une
fois?

— Oh! je conviens qu'à la rigueur je n'y
suis pas forcé... mais enfin tu comprends...
les convenances...

— Ah! ah! ah! tu me fais rire avec tes
convenances... laisse cela aux bourgeois et

aux riches ; quant à nous autres *prolétaires,*
comme on dit à la société *des frères et amis,*
nous ne sommes pas tenus d'être esclaves de
toutes ces exigences ridicules. Nous n'avons
que trop rarement l'occasion de nous diver-
tir, et quand elle se présente, nous serions
bien sots de la laisser échapper... Ah!... A
propos, l'ami Boisgeley doit lire une pétition adressée à la chambre des députés pour
demander que l'église Saint-Germain-
l'Auxerrois, — que déjà quelques réaction-
naires parlent de rendre au culte catholique,
— soit transformée en un immense atelier,
ou plutôt en une réunion d'un certain
nombre d'ateliers appartenant aux divers
corps d'état qui travaillent en chambre. Il y
aurait des logements pour beaucoup de fa-
milles d'ouvriers, un bazar pour la vente
des produits de chacun, de manière qu'on
ne serait plus exploité par les patrons.

— C'est là une excellente idée, et je suis prêt à signer cette pétition.

— Je n'en doute pas; mais pour cela il faut venir à notre réunion. Ce n'est pas tout, il y a le grand Jules, tu sais? Celui qui a toujours les cheveux en coup de vent; il doit chanter des couplets de sa façon, qui, à ce que j'ai entendu dire, sont presque aussi beaux que du Béranger, et sont beaucoup plus *épicés*.

— Allons, je me décide; je suis des vôtres.

— N'oublie pas ton costume de prêtre pour débiter ton sermon burlesque. Tu l'as encore, sans doute?

— Oui, mais ma femme m'a fait une chemise avec l'aube, et elle a garni un bonnet avec les dentelles du rochet; je n'ai plus que l'étole, le rabat et le bonnét carré.

— C'est assez; nous trouverons bien

moyen de te fabriquer un surplis... Ah !
nous allons rire. »

La conversation que nous venons de rapporter avait lieu entre deux ouvriers tailleurs
d'habits, à la porte du domicile de l'un
d'eux, situé au bas de la rue de la Montagne-
Sainte-Geneviève, près de la place Maubert.
Tous deux appartenaient à cette catégorie
d'ouvriers qui s'étaient laissé entraîner par
les rêveries des utopistes de cette époque, et
avaient été affiliés à toutes les sociétés se-
crètes qui prirent une part si active aux
mouvements révolutionnaires du temps. Ils
négligeaient leurs travaux pour se rendre
aux réunions de leurs sociétés; ils négligeaient même souvent leurs devoirs d'époux
et de père de famille, comme nous le voyons
dans cette circonstance, où Bichet aban-
donne sa femme, pour prendre part à une
réunion politico-gastronomique.

Bichet, après avoir dit simplement à sa
femme qu'il allait s'absenter un instant,
prit dans une armoire quelques effets qu'il
enveloppa dans une serviette, mit le paquet
sous son bras et sortit avec son ami Molard.
Ils remontèrent ensuite la rue de la Montagne-Sainte-Geneviève, suivirent la rue
Descartes, puis la rue Mouffetard jusqu'à la
hauteur du Marché-des-Patriarches. Là ils
pénétrèrent dans une des nombreuses rues
étroites et tortueuses de ce quartier, et s'ar-
rêtèrent devant une maison isolée, et qui ne
paraissait pas habitée. A un signal qu'ils firent, une porte basse s'ouvrit sans bruit, un
mot de *passe* fut échangé, et les deux amis
entrèrent dans une allée obscure et humide,
qui communiquait avec une petite cour
fermée de tous côtés par des maisons très-
élevées. Partout régnait la plus profonde
obscurité; aucune lumière ne paraissait aux

croisées des bâtiments environnants, aucun bruit ne faisait présumer la présence d'êtres vivants dans ces lieux. Ce silence ne parut pas étonner les nouveaux venus; ils traversèrent la cour en gens qui connaissaient les êtres, et arrivèrent à une petite porte qui s'ouvrit, comme celle de la rue, à un certain signal. Après un nouveau mot de passe échangé, ils montèrent un escalier assez rapide, et se trouvèrent à l'entrée d'un corridor, au fond duquel on entendait le bruit de plusieurs voix qui causaient avec une certaine animation.

A leur approche, la porte s'ouvrit comme d'elle-même, et ils se trouvèrent dans une vaste salle qui paraissait servir habituellement d'atelier, et qui avait été disposée pour la circonstance en salle de banquet. Une table de cinquante à soixante couverts occupait le milieu, et un nombre égal de convives se tenaient debout, causant par groupes ou se promenant en attendant le moment de se mettre à table. Une vingtaine de lampes suspendues aux murs et placées sur la table éclairaient suffisamment le milieu de la salle ; mais les extrémités et les angles restaient dans l'obscurité.

« Tiens ! c'est Molard et Bichet ! cria une voix sortant d'un des groupes les plus rapprochés de la porte au moment où les deux amis entraient ; un peu plus vous seriez en retard. Eh bien, qu'y a-t-il de nouveau ? Que dit-on du choléra ?

— Bah ! répondit Bichet ! est-ce que vous y croyez, vous autres ? C'est, à mon avis, une invention des journaux du gouvernement pour détourner l'attention publique, qui se préoccupait un peu trop, selon eux, de la conduite des ministres.

— Moi, dit Molard, je soutiens plutôt que

c'est une invention des prêtres et des légi-
timistes pour faire croire au peuple que Dieu
veut punir les Parisiens d'avoir chassé
Charles X, démoli l'archevêché et profané
Saint-Germain-l'Auxerrois.

— C'est aussi mon opinion, dit un autre
interlocuteur. Mais, si c'était vrai, nous n'aurions qu'à nous bien tenir, car la plupart
d'entre nous nous n'avons pas mal travaillé
à l'une et à l'autre besogne.

— Cependant, reprit la première voix, on
m'a dit que l'Hôtel-Dieu regorgeait déjà de
cholériques, et que depuis deux jours il y
avait eu plus de cent cas dans différents
quartiers; c'est pour cela que je demandais
à Bichet, qui demeure dans le voisinage de
l'Hôtel-Dieu, si cela était vrai.

— J'en ai entendu parler effectivement;
j'ai même ouï dire que la plupart de ceux
qu'on y avait transportés se plaignaient de

coliques atroces, qu'ils avaient des vomis-
sements fréquents, et que plusieurs même
étaient morts avec des symptômes qui appartenaient plutôt à un empoisonnement
qu'à toute autre maladie. Les uns ont été
pris de ces douleurs après avoir bu quelques
verres de vin avec des inconnus; les autres,
après avoir mangé des moules, des fruits,
ou des pommes de terre frites achetées dans
la rue, et même aux Halles.

— Je l'ai entendu dire comme Bichet, reprit celui qui s'était déclaré de l'opinion de
Molard, et c'est ce qui me prouve surtout
qu'il y a quelques manigances *jésuitiques* là-
dessous. Un individu dont on ne se défie pas,
tout en flânant, a bientôt jeté, sans que cela
paraisse, un peu de *poudre à coliques* dans
un verre de vin, dans la chaudière d'une
marchande de friture, ou sur les fruits d'une
marchande des quatre saisons. Et qui est-ce

qui la gobe? Ce n'est pas le riche et le bourgeois qui a son vin en cave, et qui d'ailleurs sait prendre ses précautions pour le reste : c'est le pauvre diable d'ouvrier, comme vous et moi, qui va se rafraîchir de temps en temps chez le marchand de vin, et qui est obligé d'acheter sa nourriture chez les marchands de comestibles en plein vent.

— Cela, c'est positif, dit d'un ton affirmatif un nouveau personnage qui n'avait pas encore pris part à la conversation ; ce matin, en passant dans la rue Saint-Antoine, j'ai vu un rassemblement considérable près du marché Saint-Jean. Je me suis informé de ce que c'était, et j'ai appris qu'on avait arrêté un individu qui jetait une certaine poudre blanche sur les marchandises étalées en vente. Les femmes voulaient l'étrangler, les hommes voulaient le pendre au réverbère,

1*

comme on faisait dans la grande révolution,
et cette justice sommaire allait s'exécuter,
quand des agents de police sont intervenus
et ont arraché le coupable à la justice du
peuple (1).

— Ah! je le disais bien, s'écria Bichet,
qu'il y avait là dedans de la politique, puisque la police s'en mêle; ce qui n'empêche
pas que je me range aussi à l'opinion de
Molard, et que tout cela ne soit un complot
des prêtres, des nobles et des riches pour ré-
pandre l'effroi dans le peuple... Mais qu'ils
prennent garde à eux, le pavé des barricades

---

1 On sait qu'à la première apparition du choléra,
en 1832, une partie du peuple ne voulait pas croire
à cette maladie, et prétendait qu'elle n'était provo-
quée que par des empoisonneurs, qui jetaient des
substances vénéneuses en poudre ou en liquide sur
les aliments ou dans les boissons. Plusieurs personnes, fort inoffensives, ont été malheureusement
victimes de cette erreur populaire, et quelques-unes
ont été massacrées avec une cruauté inouïe.

de juillet n'est. pas encore bien consolidé
depuis qu'on l'a remis en place.

— Je crois qu'ils en ont un peu peur, ob-
serva le même personnage; car ils quittent
en ce moment Paris comme les hirondelles
à l'approche de l'hiver. Les diligences, les
malles-poste, toutes les voitures publiques
et particulières sont insuffisantes à transporter cette masse de fuyards.

— Faut les laisser faire, dit Molard; on
saura bien les retrouver, si c'est nécessaire.
Comme ils n'emportent pas leurs maisons
avec eux, le peuple pourra s'y loger au
besoin.

— Tiens, c'est une idée, ça! C'est peut-
être pour ce motif qu'ils déménagent, qui
sait? Comme ils disent que les habitations
insalubres et les rues étroites où demeure le
peuple sont les causes du choléra, ils veulent
lui laisser leurs beaux hôtels du faubourg

Saint-Germain ou du faubourg Saint-Honoré, pour le préserver de la maladie! En attendant, mes amis, ne buvez pas chez le marchand de vin avec le premier venu, et prenez vos précautions quand vous achèterez vos aliments chez n'importe qui.

— Ah çà! aurez-vous bientôt fini vos tristes histoires de choléra et d'empoisonnement? Nous sommes venus ici pour nous amuser, passer joyeusement entre amis une soirée de carnaval, et voilà que vous êtes gais comme des croque-morts. Nous avons autre chose à faire qu'à parler de ces lugubres bêtises; allons, à table! le président est arrivé; il nous attend, et vive la joie, et à bas le choléra! »

Ainsi parla un jeune homme à l'allure vive, au visage épanoui, aux lèvres souriantes, qui entra tout à coup dans le groupe où se tenait la conversation que nous venons de rapporter. C'était le chanteur habituel de la société, le grand Jules, comme l'appelait Molard, le rival *épicé* de Béranger.

On répondit de toutes parts avec empressement à cet appel du grand Jules; les cris, « A table! à table! » couvrirent toutes les conversations particulières, et en un instant chacun eut pris la place qu'il devait occuper au banquet, et qui avait été marquée d'avance.

Une attaque de choléra.

Nous n'avons nullement l'intention, — et nos lecteurs ne s'y attendent pas sans doute, — de rendre un compte détaillé de cette réunion. Nous dirons seulement que le repas fut assez triste en commençant, malgré les excitations et les plaisanteries plus ou moins spirituelles du grand Jules et de deux ou trois jeunes gens de ses amis qui cherchaient à égayer la société. Une sorte de terreur vague, un sentiment indéfinissable de malaise semblait s'être emparé de presque tous les convives. Personne ne prononçait ce nom fatal de choléra, et chacun l'avait, pour ainsi dire, sur les lèvres.

Enfin, grâce au vin qui coulait à flots, les propos joyeux, les plaisanteries scabreuses du grand Jules et de ses amis trouvèrent quelques échos. Les têtes s'échauffèrent peu à peu ; on chercha à s'étourdir, et au bout d'une heure le banquet dégénéra en véritable orgie. Les chants patriotiques et révolution-naires alternèrent bientôt avec les couplets obscènes et avec les propos impies et les blas-phèmes. Mais jetons un voile sur ces scènes dégoûtantes ; c'est assez que nous soyons obligé de retracer la dernière, qui entre nécessairement dans notre récit.

Le repas était terminé ; on avait pris le café, et d'immenses bols de punch couvraient la table. Tandis que la liqueur brûlante lançait en l'air ses flammes bleuâtres, quelques voix crièrent : « La mascarade ! la mascarade ! »

Ces cris furent à l'instant répétés par toute l'assemblée. Aussitôt une partie des convives se leva et se dirigea vers les parties obscures de la salle, où chacun procéda à son déguisement. Bientôt tous reparurent vêtus en ecclésiastiques, ou du moins de quelques parties du costume ecclésiastique : c'étaient les restes des dépouilles provenant du pillage de l'église et de la cure de Saint-Germain-l'Auxerrois ainsi que de l'archevêché. Ils défilèrent processionnellement autour de la table, Bichet marchant le dernier en qualité d'officiant. Après avoir parodié quelques cérémonies du culte, que nous nous abstenons de décrire, on cria : « Bichet, en chaire! le sermon! le sermon! »

Ce prétendu sermon était le triomphe de Bichet. C'était un composé monstrueux de textes sacrés détournés de leur sens pour donner lieu à de sales équivoques; c'était

enfin un mélange d'expressions religieuses
et de grossières bouffonneries. Bichet n'était
pas l'auteur de cette infâme composition,
nous devons lui rendre cette justice; mais
nul mieux que lui ne savait la faire valoir
par la manière dont il la débitait, en imitant
ou plutôt en parodiant avec un sérieux co-
mique le ton grave, les gestes, et jusqu'à
certaines inflexions de voix de quelques
orateurs chrétiens.

Dès que ces cris : « Le sermon! le sermon! » se furent fait entendre, tout le
monde applaudit; on s'empressa d'approcher
d'un des bouts de la table une espèce d'estrade mobile, qui servait de siége au président et de tribune aux orateurs, quand la
société des frères et amis tenait ses séances
régulières. Bichet monta sur cette chaire
improvisée; on plaça devant lui un grand
verre de punch en guise d'eau sucrée;

on reprit ses places autour de la table; le silence succéda au tumulte, et tous les yeux, tournés vers le *prédicateur*, semblaient l'inviter à commencer.

Bichet promena un instant ses regards sur son auditoire, comme pour s'assurer de l'attention que chacun allait lui prêter; ensuite il se moucha bruyamment, toussa, cracha, avala la moitié de son verre de punch; puis, trempant l'extrémité de ses doigts dans le reste de la liqueur, comme si c'eût été de l'eau bénite, il éleva la main vers le front comme s'il allait faire le signe de la croix; mais sa main s'arrêta en route, et il introduisit ses doigts dans sa bouche pour sucer la liqueur dont ils étaient imprégnés.

Ce geste fit beaucoup rire, et Bichet le recommença deux ou trois fois, avec de nouvelles grimaces, en feignant toujours de vouloir faire un signe de croix qu'il ne pouvait achever, parce que la bouche arrêtait toujours en route la marche de la main. Enfin, après plusieurs autres lazzi de ce genre, au moment où il s'apprêtait à parler, on le voit tout à coup changer de couleur, puis s'affaisser sur lui-même en jetant un cri douloureux. Il serait même tombé du haut de l'estrade, si ceux qui se trouvaient le plus près ne l'eussent reçu dans leurs bras.

« Tiens ! dit un de ceux qui étaient placés à une certaine distance de l'estrade, voilà notre prédicateur qui est *pochard !* c'est vraiment édifiant.

— Non, répondit vivement Molard, bien sûr qu'il n'est pas ivre ; il était à côté de moi pendant tout le repas, et il a bu moins qu'aucun autre ; même que je lui en ai fait des reproches, et qu'il m'a dit qu'il n'avait pas le cœur à boire, parce que sa femme était malade et qu'il voulait rentrer de bonne heure. »

Cependant Bichet avait perdu complètement connaissance. Ceux qui l'entouraient cherchaient à le faire revenir en employant les moyens vulgairement usités pour combattre l'évanouissement. Au bout d'une demi-heure il poussa un profond soupir, rouvrit les yeux, regarda autour de lui d'un air stupéfait. Il se plaignit d'avoir le corps comme entièrement paralysé, et d'éprouver des crampes douloureuses dans les jambes; en même temps il demandait à boire et à respirer un air plus frais. On s'empressa de lui donner de l'eau sucrée, d'ouvrir les croisées de l'appartement afin de renouveler l'air; puis on le coucha sur un matelas qu'on était allé chercher dans une chambre voisine, espérant qu'après quelques instants de repos il reprendrait ses forces, et pourrait se relever et regagner son domicile en s'appuyant sur le bras de quelqu'un. On attendit encore ainsi plus de trois quarts d'heure; mais les symptômes, au lieu de s'affaiblir, devenaient de plus en plus alarmants. Il se plaignait de coliques et de nausées continuelles; sa respiration était gênée par une suffocation qui lui faisait pousser des soupirs et des sanglots. En même temps ses yeux semblaient se retirer et s'enfoncer dans leur orbite; sa face devenait livide et bleuâtre; sa respiration était froide, sa parole difficile, sa voix sépulcrale et basse; les mots qui s'échappaient de sa bouche semblaient plutôt soufflés que prononcés.

Ces symptômes, qui n'eussent pas trompé un instant l'œil d'un praticien exercé, furent d'abord diversement interprétés par ces hommes complétement étrangers à la science, et dont la plupart manifestaient

2

quelques minut . . . . . . paravant, à l'exemple
de Bichet lui-même, le scepticisme le plus
absolu sur la nature de l'épidémie qui venait d'envahir Paris. Les uns prétendaient
que c'était un coup de sang, et qu'une sai-
gnée ou des sangsues suffiraient pour le ré-
tablir; d'autres affirmaient que c'était une
attaque d'apoplexie; d'autres, d'épilepsie;
quelques-uns même, malgré les dénéga-
tions énergiques de Molard, persistaient à
soutenir que c'était un effet de l'ivresse, et
que tous ces symptômes effrayants dispa-
raîtraient aussitôt que les fumées du vin et
du punch seraient dissipées.

Tout à coup quelqu'un souffla à l'oreille
de son voisin le mot *choléra*. Déjà cette
idée s'était présentée à l'esprit d'un grand
nombre de spectateurs, même des plus
sceptiques; mais aucun n'avait osé l'émettre.
Une fois le mot prononcé, il circula comme

le feu qui enflamme une traînée de poudre.
Alors la consternation devint générale; on
se regardait les uns les autres avec stupeur,
cherchant si l'on ne découvrirait pas sur
son voisin des signes précurseurs de la ter-
rible maladie. Plusieurs se sentaient eux-
mêmes atteints de coliques et de tournoie-
ments de tête, premiers symptômes du mal;
dans toute autre circonstance, ils les eussent
attribués plus justement à un commence-
ment d'ivresse.

Alors beaucoup d'entre eux jugèrent prudent de ne pas séjourner plus longtemps
dans une atmosphère évidemment viciée par
des miasmes cholériques, et ils se hâtèrent
de sortir sans bruit.

Déjà plus de la moitié des convives s'é-
taient éclipsés de cette manière, lorsque le
président, en apercevant quelques-uns qui
se préparaient à les imiter, leur dit d'un

ton sévère : « Quoi ! est-ce ainsi que vous avez la lâcheté d'abandonner un de vos frères dans l'état de souffrance où vous le voyez ?

— Mais nous ne sommes pas médecins, répondit l'un d'eux, et nous ne pouvons lui être d'aucun secours.

— Vous pourriez du moins nous aider à le transporter chez lui ou à l'hôpital.

— Laissez, Monsieur, laissez aller les poltrons, dit Molard ; nous sommes ici cinq ou six qui n'abandonnerons pas le pauvre Bichet, et qui sommes prêts à le transporter où il faudra.

— Je serai des vôtres, » dit le président.

Ils restèrent huit sur soixante pour accomplir cette tâche. C'était juste le nombre nécessaire pour effectuer le transport.

IV

A l'Hôtel-Dieu.

On s'empressa d'organiser un brancard, d'y placer le malade sur son matelas, et quatre hommes le soulevèrent sur leurs épaules et se mirent aussitôt en marche. Les quatre autres se tenaient à côté pour remplacer ceux qui seraient fatigués.

Molard, qui dirigeait la marche, conduisit d'abord le cortége au bas de la Montagne-Sainte-Geneviève, au domicile de Bichet; mais celui-ci ne voulut pas qu'on le montât chez lui, dans la crainte d'effrayer sa femme et de lui porter un coup mortel. « Va, dit-il à son ami, va t'informer de l'état où elle est, puis tu viendras m'en rendre compte. »

Un instant après Molard redescendait, amenant avec lui la femme Pichelot, la voisine qui la gardait. « Je n'ai pas vu ta femme, dit-il à Bichet, parce qu'elle repose en ce moment; voilà la mère Pichelot qui pourra t'en donner des nouvelles.

— Ah! mon Dieu, monsieur Bichet, s'écria celle-ci, peut-on s'être mis dans un pareil état!...

— Taisez-vous, interrompit Molard avec autorité, Bichet n'est point dans l'état où vous le croyez; plût à Dieu qu'il y fût! » ajouta-t-il tout bas; puis élevant la voix : « Répétez-lui ce que vous venez de me dire, c'est tout ce qu'il vous demande.

— Eh bien, il vous est né, il y a deux

heures environ, un gros garçon, qui crie à tue-tête et qui ne demande qu'à vivre.

— Je vous remercie, madame Pichelot, dit à voix basse le malade et en faisant un effort pour parler; quand ma femme vous demandera de mes nouvelles, vous lui direz que je suis un peu malade, mais que je n'ai pas voulu me soigner à la maison, où nous n'avons qu'une chambre et un lit; j'ai préféré aller à l'hôpital; de cette manière nous serons mieux l'un et l'autre.

— Comment! vous allez à l'hôpital! et l'on dit que c'est plein de cholériques! Oh! mon Dieu, si vous alliez attraper le choléra-morbus!

— Je ne crains pas de l'attraper, ma bonne madame Pichelot...; mais veuillez, je vous prie, remonter le plus tôt possible vers ma femme...; faites-lui ma commission...; em-

brassez-la pour moi ainsi que mon enfant...
Adieu...

— Tu es donc bien décidé à aller à l'hôpital? dit Molard : auquel donc? à la Pitié
ou à l'Hôtel-Dieu? nous sommes à peu près
à égale distance de l'un et de l'autre.

— A l'Hôtel-Dieu.

— Oui; mais à l'Hôtel-Dieu, comme le
disait tout à l'heure la bonne femme Pichelot, c'est là où sont tous les cholériques, et
tu ne crains pas...

— Non, interrompit Bichet avec amertume, je ne crains pas, comme je le disais
tout à l'heure, d'attraper cette maladie; et
je ne serai à l'Hôtel-Dieu qu'un cholérique
de plus.

— Allons donc, Bichet, chasse de pareilles
idées; qui te dit que tu as le choléra?

— Suffit, je me sens bien, et je te dis que
mon affaire est réglée; mais si par hasard,

ce que je ne crois pas, il y avait quelque
espoir de guérison, c'est à l'Hôtel-Dieu où
je trouverais les plus habiles médecins et
les traitements les plus convenables. Allons,
mes amis, un peu de courage, et transpor-
tez-moi jusque-là. »

Pendant le trajet, et au milieu de ses
souffrances, Bichet parla encore à son ami
de sa mort, qu'il regardait comme prochaine, et il lui recommanda à plusieurs
reprises sa femme et son enfant.

On arriva bientôt sous le péristyle de
l'Hôtel-Dieu. D'autres malades y arrivaient
en même temps de différents côtés. Des
élèves internes jetaient un coup d'œil rapide
sur les nouveaux venus, pour reconnaître
leur maladie et indiquer la salle où ils de-
vaient être transportés, tandis que des em-
ployés de l'hospice interrogeaient les malades ou ceux qui les accompagnaient, pour

constater leur *état civil*, c'est-à-dire leurs
noms, prénoms, âge, domicile, s'ils étaient
mariés ou célibataires, etc.

Pendant ces opérations préliminaires, tous
les compagnons de Bichet, à l'exception de
Molard, s'en étaient allés, soit qu'ils regar-
dassent leur tâche comme terminée, soit que
la vue fort peu rassurante, en effet, des malades qui encombraient la salle d'attente,
les eût effrayés. Lors donc qu'il fallut porter
Bichet dans la salle qui lui était assignée,
Molard seul restait ; il cherchait autour de
lui quelqu'un pour l'aider ; la plupart des
porteurs des autres malades avaient imité
ses camarades, et s'étaient éloignés à la hâte
après avoir déposé leur fardeau à la porte de
l'hôpital, de sorte que deux autres cholériques se trouvaient dans la même position
que Bichet.

En ce moment, un groupe de personnes

sortant d'une des salles de l'intérieur traversa la salle d'attente pour se diriger vers une autre. Tout à coup un monsieur en redingote noire, portant à sa boutonnière la rosette d'officier de la Légion d'honneur, se détacha du groupe, et, s'approchant des malades, demanda avec autorité : « Pourquoi ne transporte-t-on pas ces hommes dans les salles de service ? »

Molard, qui reconnut dans ce personnage le médecin en chef de l'Hôtel-Dieu, dont il avait reçu les soins deux ans auparavant dans cet hôpital, se hâta de répondre : « Je suis seul, monsieur le docteur, et j'attends l'arrivée de quelque autre malade, pour prier les porteurs de m'aider à transporter mon ami que voilà. »

Le médecin jeta un coup d'œil sur Bichet, lui tâta le pouls, et demanda à Molard : « Depuis combien de temps cet homme est-il malade ?

— Depuis deux heures, deux heures et demie au plus.

— Il est urgent que cet homme soit installé immédiatement dans la salle de service. » En disant ces mots, le médecin regardait autour de lui pour voir s'il n'apercevrait personne qu'il pût charger d'aider Molard dans cette besogne.

Les autres personnes avec lesquelles se trouvait le docteur s'étaient rapprochées de lui pendant qu'il parlait à Molard; et avaient entendu leur conversation. En voyant le médecin chercher des yeux quelqu'un pour aider Molard, l'un de ces personnages lui dit : « Ne cherchez pas plus loin, mon cher docteur, ces messieurs et moi nous allons faire la besogne.

— Quoi! vous, Monseigneur!... s'écria le médecin.

— Chut! chut!... » fit tout bas celui qu'il venait de qualifier de monseigneur.

A ce mot de *monseigneur*, Molard regarda plus attentivement ce personnage; Bichet lui-même, qui avait toute sa connaissance, jeta les yeux de ce côté, et tous deux reconnurent l'archevêque de Paris, accompagné de son secrétaire et de deux de ses grands vicaires.

Dire l'effet que cette vue produisit sur ces deux hommes nous serait impossible.

Le prélat, tout en faisant signe au docteur de ne pas le nommer, lui demanda tout bas : « Lequel de ces trois hommes est le plus malade?

— Celui à qui j'ai tâté le pouls; il a tout au plus deux heures à vivre.

— Cela suffit, » reprit l'archevêque; et s'approchant de Molard, il lui dit : « Je vais vous aider à transporter votre camarade; »

puis s'adressant aux ecclésiastiques qui l'accompagnaient : « Vous, Messieurs, ajouta-t-il, chargez-vous des autres. »

Aussitôt, se mettant à la tête du brancard, et le soulevant tandis que Molard se chargeait de l'autre côté, il se dirigea vers la salle des cholériques, suivi des deux autres malades portés par les trois autres prêtres et le docteur, qui avait tenu à honneur de prendre sa part de cette œuvre si touchante de charité.

Bichet fut placé dans le premier lit vacant que l'archevêque rencontra. Molard, assuré maintenant que son ami ne manquerait pas des soins nécessaires à sa situation, se retira en emportant le matelas qui lui avait été confié pour le transport de Bichet, et qu'il s'était chargé de rendre à celui qui l'avait prêté.

Après le départ de Molard et les premiers

soins donnés au malade par le médecin, l'archevêque, qui s'était un instant éloigné pour donner des ordres à son secrétaire, revint auprès du lit de Bichet, et voulut lui donner quelques consolations; mais à peine eut-il dit quelques mots, que le malade, qui jusque-là avait paru indifférent à tout ce qui se passait autour de lui, sembla sortir de sa stupeur, et s'écria avec une certaine énergie : « Vous ne savez pas à qui vous parlez..., retirez-vous...; si vous me connaissiez, vous ne voudriez pas vous approcher de moi...

— Et pourquoi? lui répondit le prélat avec douceur : n'êtes-vous pas un homme comme moi?... un homme racheté comme moi par le sang du Sauveur? en un mot, mon frère en Jésus-Christ?

— Moi, votre frère?... Ah! si vous saviez qui je suis, vous ne me traiteriez pas de frère !... vous me repousseriez avec horreur !...

— Qui que vous soyez, vous êtes toujours mon frère ; et, loin de vous repousser avec horreur, vous ne m'inspirerez jamais que des sentiments de pitié et d'affection.

— Eh bien ! j'ai été un de vos plus mortels ennemis ; j'ai depuis longtemps renoncé à la religion dont vous êtes ministre ; j'ai aidé à dévaster l'église Saint-Germain-l'Auxerrois ; il y a un an, à pareil jour, à deux pas de l'endroit où nous nous trouvons, j'ai travaillé au pillage et à la démolition de votre palais, et si je vous avais trouvé alors, je vous aurais probablement jeté dans la Seine avec vos livres et vos meubles... Eh bien ! maintenant dites-moi si vous me regardez encore comme votre frère ?

— Plus que jamais vous êtes mon frère !

répondit le prélat avec un sourire d'une douceur évangélique. Vous avez, dites-vous, été mon ennemi et l'ennemi de notre sainte religion; en ce cas j'ai besoin de me réconcilier avec vous, et de vous réconcilier avec Dieu. »

Ce langage si nouveau pour lui, le ton avec lequel il était prononcé, le regard si bienveillant du prélat, sa physionomie toute rayonnante de charité, firent sur le moribond une impression profonde. Il jouissait de toute sa présence d'esprit, car il est à remarquer que les cholériques conservent toute leur connaissance jusqu'au dernier moment; il écouta donc, sans en perdre une seule, les paroles du saint pontife, qui lui parlait de Dieu, de la religion, puis de lui-même, de sa femme, de son enfant nouveau-né qu'il ne connaîtrait peut-être jamais. Le cœur du malade fut touché... Au souvenir de sa femme et de son enfant, il poussa un profond soupir en disant :

« Oh! mon Dieu! que vont-ils devenir?

— Soyez sans inquiétude sur leur compte, dit l'archevêque; je veillerai sur eux, et je vous promets de prendre soin de votre en- fant comme de mon propre fils : maintenant songeons à vous-même et à votre salut éter- nel. »

Pendant plus d'une demi-heure ils s'en- tretinrent à voix basse; puis le vénérable prélat, les yeux levés au ciel, appela les bénédictions du Très-Haut sur l'homme qui avait été son mortel ennemi, et lui donna l'absolution de ses péchés.

Quelques instants après, Bichet rendait le dernier soupir; l'archevêque faisait prendre par son secrétaire le nom et l'adresse de cet homme, et il inscrivait en tête de la liste des orphelins du choléra, — car c'était ce jour-là même qu'il avait conçu la pensée de cette œuvre, — le fils d'un des dévastateurs de Saint - Germain - l'Auxerrois, et d'un des plus ardents pillards de l'archevêché.

V

Le baptême.

Le lendemain avait lieu, chez la concierge de la maison habitée par la femme Bichet, une conversation animée entre Molard et la mère Pichelot. Molard arrivait de l'Hôtel-Dieu, où il avait appris la mort de son ami; mais ne voulant pas annoncer lui-même cette funeste nouvelle à sa veuve, il avait fait appeler la mère Pichelot dans la loge, lui avait raconté en détail tout ce dont il avait été témoin lui-même, et de plus ce qui s'était passé après son départ et qu'il avait appris à l'Hôtel-Dieu, où cela avait fait une certaine sensation; puis il avait terminé en recommandant à la garde-malade d'apporter les plus grands ménagements dans la manière dont elle révèlerait cette nouvelle à la malade.

« Soyez tranquille, répondit la mère Pichelot, je sais comment il faut conduire sa langue en pareille circonstance; bien sûr que je n'irai pas dire brusquement la chose à cette pauvre femme, il n'en faudrait pas davantage pour la tuer... Mais ce que vous venez de nous raconter est épouvantable; grand Dieu! qu'allons-nous devenir! Et dire qu'il y a encore des gens qui ne veulent pas croire au choléra-morbus!

— Ma foi, moi j'étais bien un peu de ces gens-là; mais après ce qui vient d'arriver à ce pauvre Bichet, et ce que j'ai vu à l'Hôtel-Dieu, j'ai changé d'opinion.

— Oh! je le crois bien! seulement je ne sais pas comment vous avez eu le courage d'y retourner ce matin; est-ce que vous ne craignez pas d'attraper la maladie?

— Bah! si le choléra doit m'atteindre, il m'attrapera aussi bien partout ailleurs que là. Bichet, et tous ceux que j'y ai vu transporter, n'avaient pas gagné la maladie dans un hôpital; d'ailleurs je n'y suis allé que par nécessité, et je ne suis pas tenté d'y retourner, car c'est un bien triste spectacle, je vous assure.

— Je n'ai pas de peine à vous croire; et vous dites que l'archevêque s'y est installé? c'est vraiment incroyable!

— C'est si incroyable, que moi qui l'ai vu, à qui il a parlé, qu'il a aidé à transporter Bichet, à peine si je pouvais y croire.

Cette nuit, en quittant l'Hôtel-Dieu, je me disais que j'avais fait un rêve, et je vous avoue que, ce matin, un des motifs qui m'a déterminé à retourner à l'Hôtel-Dieu était de m'assurer que c'était bien lui, et que je n'avais pas été trompé par quelque ressemblance ; mais je me suis convaincu qu'il n'y avait pas d'erreur de ma part. Je l'ai encore vu parcourir les salles et confesser les malades, et j'ai appris qu'il y avait passé la nuit, et que même il avait confessé Bichet après mon départ. Quant à cela, j'en doute ; car Bichet, comme moi, n'était pas homme à se confesser, moins à l'archevêque de Paris qu'à tout autre.

— Et pourquoi pas, monsieur Molard ? Voilà comme vous êtes tous, vous autres hommes. Quand vous êtes bien portants, vous vous moquez de tout, vous ne craignez ni le ciel ni l'enfer ; puis quand la maladie vous prend, quand vous voyez approcher la mort, oh ! alors c'est bien différent ; vous devenez plus craintifs, et vous êtes bien aises de trouver un prêtre qui vous donne des consolations à ces derniers moments. Tenez, vous-même, monsieur Molard, vous feriez comme Bichet en pareille circonstance.

— Je ne dis pas ; je conçois que la certitude d'une mort prochaine bouleverse un peu les idées ; j'avoue que moi-même, en pareille circonstance, il pourrait m'arriver de me confesser ; mais bien sûr ce ne serait pas à Mᵍʳ de Quélen.

— Bah ! vous changeriez peut-être d'avis à l'occasion ; mais laissons cela pour le moment, et parlons d'autre chose. Que va devenir cette pauvre femme avec son enfant ? Ils avaient déjà bien de la peine à vivre avec ce que gagnait Bichet ; maintenant qu'il est mort, que va faire, encore une fois, cette pauvre femme? Il ne lui reste plus d'argent, et ce n'est pas d'un mois à six semaines qu'elle pourra gagner quelque chose, encore si elle trouve de l'ouvrage dans ce temps-là; car avec la misère et l'épidémie qui règnent, personne ne fera bientôt plus travailler.

— J'y ai déjà bien songé, madame Pichelot, et quand je pense que pas plus tard que cette nuit ce pauvre Bichet me recommandait sa femme et son enfant, cela me serre le cœur! Malheureusement je ne puis rien faire; je n'ai que ce que je gagne au bout de mes dix doigts, et comme vous le dites fort bien, l'ouvrage ne va pas. Il est vrai que je suis garçon, et que je n'ai pas charge de femme ni d'enfants; mais je n'en suis pas plus riche pour cela, et, quand arrive le jour de la paie, je reçois souvent tout juste pour acquitter les dettes de la quinzaine. Hier nous avons voulu faire un peu la noce avec les amis, à l'occasion du carnaval; eh bien, j'ai été obligé, pour fournir ma part et celle de Bichet, — car je n'ai pas voulu qu'il paie, — j'ai été obligé de mettre au mont-de-piété ma belle redingote olive, à preuve qu'en voilà la reconnaissance.

— Oh! mon Dieu! je vous crois bien, et je n'ai pas besoin de voir votre papier pour cela; mais il aurait bien mieux valu que vous ne fussiez pas allés à cette fête, peut-être le malheur qui est arrivé n'aurait pas eu lieu.

— Bah! qu'en sait-on? qui peut prévoir l'avenir?

— Ainsi vous ne pouvez rien faire absolument pour la veuve et l'enfant de votre ami?

— Par moi-même je ne puis rien; cependant je vais parler au président de notre société, et nous tâcherons d'organiser une quête entre les camarades pour leur venir en aide.

— Oui ; mais hâtez-vous, car demain la pauvre femme manquera de tout. »

Ici la conversation fut interrompue par l'arrivée d'une dame qui demanda à la concierge s'il n'y avait pas dans la maison une jeune femme, nommée Bichet, quelles étaient ses ressources, et s'il était possible de lui parler. « Voilà, dit la portière en montrant la mère Pichelot, une femme qui peut mieux que moi vous donner les renseignements que vous demandez.

— Madame, reprit l'étrangère en s'adressant à la mère Pichelot, la personne dont je veux parler est bien celle dont le mari a été attaqué hier soir du choléra et transporté à l'Hôtel-Dieu ?

— Oui, Madame ; et même le pauvre homme y est mort cette nuit, à ce que vient de nous apprendre Monsieur, qui était un de ses amis.

— C'est bien cela ; la femme sait-elle la mort de son mari ?

— Non, Madame, et nous étions précisément à nous demander comment on lui apprendrait cette fatale nouvelle.

— Il faut bien se garder de la lui annoncer aujourd'hui ; allons la voir, et nous causerons ensuite de ce qu'il faudra faire pour elle. »

« Connaissez-vous cette dame ? demanda Molard à la concierge aussitôt que l'étrangère eut quitté la loge.

— Je la connais de vue, mais je ne sais pas son nom ; seulement je crois que c'est une dame de charité de la paroisse de Saint-Étienne-du-Mont.

— Comment se fait-il qu'elle ait été si bien renseignée sur la famille Bichet?

— Ah! pour cela, je l'ignore; cependant vous avez dit tout à l'heure que votre ami, avant de mourir, s'était confessé à l'archevêque; ne serait-il pas possible que monseigneur ait écrit au curé de Saint-Étienne de prendre des renseignements sur cette famille, et que celui-ci ait chargé cette dame de cette commission?

— Cela me paraît peu probable; mais quand cela serait, dans quel but prendre ces informations?

— Apparemment pour donner des secours à cette pauvre veuve et à son enfant.

— Ceci est encore moins probable; les prêtres ne secourent que ceux qui vont à la messe, qui se confessent, en un mot, que ceux qui font les dévots ou les cafards, et Bichet ni sa femme n'appartenaient cer-

tainement pas à cette catégorie d'individus...

— Chut ! nous allons savoir ce qui en
est ; car la voilà qui descend. »

En effet, l'étrangère descendait en ce moment l'escalier ; elle ne s'arrêta pas cette fois
à la loge ; elle se contenta de faire un léger
salut en passant, et elle sortit de la maison,
reconduite jusque sur le pas de la porte
par la mère Pichelot, qui se confondait en
révérences.

Dès que la dame se fut éloignée, la bonne
mère Pichelot accourut à la loge. Sa figure
épanouie annonçait une bonne nouvelle, et,
avant qu'on lui eût adressé une question,
elle s'écria : « En voilà une brave femme, et
qui mérite bien le nom qu'on lui a donné
de *Notre-Dame-de-Bon-Secours* !

— Vous la connaissez donc ? fit Molard.

— Si je la connais ! et qu'est-ce qui ne

connaît pas Mme Boudois, la femme de ce riche rentier qui demeure sur la place de l'Estrapade? Elle est presque aussi connue dans tout le quartier que la sœur Rosalie, dont elle est le bras droit.

— Eh bien, qu'a-t-elle fait là-haut, dans si peu de temps qu'elle y est restée?

— Oh! il ne lui faut pas longtemps pour faire d'excellente besogne. Tout en causant avec Mme Bichet et avec moi, elle a jeté un coup d'œil sur l'ensemble du ménage, et elle a eu bientôt deviné qu'on manquait à peu près de tout.

« — Vous avez besoin, a-t-elle dit à Mme Bichet, d'un bon bouillon pour vous remettre; voilà deux bons de chacun un kilogramme de viande; puis un bon pour deux kilogrammes de pain; un autre bon pour du bois. Maintenant, a-t-elle ajouté, voilà dix francs pour acheter du sucre, du lait et les menus objets dont vous pouvez avoir besoin. »

« Enfin, elle a donné deux langes de laine, des couches pour l'enfant, une robe et un bonnet de baptême ; puis elle a dit :

« — Quand vous proposiez-vous de faire baptiser votre enfant ?

« — Madame, a répondu l'accouchée, je n'avais rien encore décidé à cet égard ; je comptais attendre le rétablissement de mon mari.

« — Vous auriez tort d'attendre plus long-temps ; ce serait très-imprudent. Avez-vous un parrain et une marraine arrêtés ou en vue ?

« — Non, Madame ; je comptais que mon mari se serait chargé de cette re-cherche.

« — Eh bien, moi j'ai un parrain et une marraine à vous offrir : la marraine, c'est moi; le parrain, je ne puis vous le faire connaître encore, mais il sera représenté au baptême par mon mari; voyons, cela vous convient-il?

« — Oh! Madame, pouvez-vous le demander? comment reconnaître tant de bonté?

« — C'est donc une affaire entendue, et qu'il faut terminer le plus tôt possible. Prévenez votre sage-femme de se trouver ici aujourd'hui à trois heures; une voiture viendra la prendre et la conduire à la mairie pour faire la déclaration de la naissance de l'enfant, et de là à l'église, où tout sera prêt pour la cérémonie du baptême. Si vous avez un témoin ou deux, ils accompagneront la sage-femme à la mairie; dans le cas contraire, mon mari se charge d'en servir et d'en trouver un second; ainsi vous n'aurez à vous occuper de rien. Ah! j'oubliais : avez-vous l'intention de nourrir votre enfant?

« — Je le désirerais bien; mais je crains que cela ne me soit bien difficile.

« — Je le crois aussi, et je pense qu'il vaut mieux l'envoyer en nourrice à la campagne, où il sera en meilleur air qu'à Paris. On se chargera de trouver une nourrice convenable, et de payer tous les frais jusqu'à ce que l'enfant soit sevré. Ah! j'oubliais encore : avez-vous décidé quel nom vous donneriez à votre enfant?

« — Non, Madame; mais j'avais toujours pensé, si c'était un garçon, de lui donner le nom de Louis, qui est celui de mon mari.

« — Cela se trouve à merveille; eh bien! nous y ajouterons le nom d'Hyacinthe, qui est celui de son parrain : cela vous convient-il?

« — Parfaitement, Madame, c'est un beau

nom qu'Hyacinthe, et c'est de celui-là que
je l'appellerai.

« — Très-bien ; c'est entendu, à tantôt. »
Et là-dessus elle est partie.

Nous n'avons pas besoin de dire quelle fut
la surprise de Molard et de la concierge en
entendant le récit de la mère Pichelot. « Vous
ne lui avez pas demandé, dit l'ouvrier, qui
l'avait renseignée sur la famille Bichet?

— Je n'ai pas osé le lui demander, ni
Mme Bichet non plus ; d'ailleurs elle parlait
si vite, avec tant d'assurance, qu'elle ne
nous laissait pas placer une parole.

— Mon Dieu ! monsieur Molard, dit la
concierge, j'en reviens à ce que je vous ai
dit tout à l'heure.

— C'est difficile à croire ; mais je veux
m'en éclaircir. Puisqu'elle a demandé si
Mme Bichet avait un témoin, je pense que je
pùis bien me présenter en cette qualité, à

titre d'un des plus anciens amis du père de l'enfant.

— Je n'y vois aucun inconvénient, en ce cas, trouvez-vous ici à trois heures, et vous accompagnerez l'enfant à la mairie et à l'église. »

Molard n'eut garde de manquer au rendez-vous. M. Boudois attendait à la mairie, et ils signèrent ensemble l'acte de l'état civil. Enfin on se rendit à l'église, où tout était préparé pour le baptême. Molard suivit attentivement les détails de la cérémonie ; mais quel ne fut pas son étonnement, quand le prêtre demanda leurs noms au parrain et à la marraine, d'entendre M. Boudois répondre : « Le parrain est Mgr le comte Hyacinthe-Louis de Quélen, archevêque de Paris, dont moi, Jean-Baptiste Boudois, ai l'honneur d'être le représentant, en vertu d'un mandat régulier dont je suis porteur, et que je vais déposer entre vos mains. »

Je m'en doutais, se dit Molard ; cependant il fallait le voir et l'entendre pour le croire.

———

VI

Entrevue du parrain et du filleul.

Il paraît toutefois que la mère Pichelot
ne sut pas si bien maîtriser sa langue qu'elle
s'en était vantée. Soit qu'elle jugeât que la
protection puissante promise à son enfant
eût rempli tellement de joie l'âme de Mme Bichet, qu'elle pouvait désormais supporter
sans trop de trouble la nouvelle d'un malheur irréparable, il est vrai, mais cause
indirecte du bien qui lui arrivait à elle et
à son fils, soit par tout autre motif que nous

ne connaissons pas, elle ne put s'empêcher de révéler à cette pauvre femme que si son fils avait trouvé un puissant protecteur, c'était en quelque sorte un dédommagement que Dieu lui envoyait pour la perte de son père.

A cette nouvelle inattendue, la pauvre femme resta d'abord comme anéantie; puis elle poussa des gémissements et des cris de désespoir. La mère Pichelot aurait bien voulu retenir ses paroles; mais il était trop tard. Pressée de questions par la veuve, elle fut obligée de tout raconter, en ayant soin toutefois de faire ressortir cette circonstance que c'était un grand bonheur pour elle et pour son enfant que son mari eût rencontré l'archevêque à l'Hôtel-Dieu.

Tout en reconnaissant la justesse de cette observation, la pauvre femme ne put maîtriser sa douleur. Dès le lendemain, quand

le médecin alla la visiter, il la trouva dans
un état d'irritation telle, qu'il la jugea très-
dangereusement malade. Son enfant lui fut
retiré, et confié à une nourrice qui l'emmena
à la campagne. Le soir, la fièvre se calma :
la connaissance lui revint; elle reçut la visite
d'un vicaire de Saint-Étienne-du-Mont, qui
l'administra. La nuit suivante, sa maladie se
compliqua de symptômes cholériques, et elle
expira le jour suivant.

Le petit Hyacinthe Bichet, orphelin de
père et de mère avant de les avoir connus,
fut élevé jusqu'à l'âge de trois ans chez sa
nourrice, qui habitait les environs de Vernon. Arrivé à cet âge, il fut placé par sa
marraine chez les époux Guichard, tenant
un petit commerce de mercerie, rue de
l'Arbre-Sec. C'étaient de bien braves gens
que Mme Boudois connaissait depuis long-

temps. Ils n'avaient pas d'enfants, ni l'espoir d'en avoir; aussi acceptèrent-ils avec empressement l'offre que leur fit Mme Boudois de se charger du petit Hyacinthe moyennant la pension que l'œuvre des Orphelins du choléra leur paierait jusqu'à ce qu'il eût atteint sa quinzième année. On supposait qu'à cet âge il devrait être en état de gagner sa vie.

Les époux Guichard s'attachèrent bientôt à l'enfant comme s'il leur eût appartenu réellement, et au bout de six mois ils eussent plutôt renoncé à la pension qu'on leur payait, que de s'en séparer. Cependant ils n'étaient pas riches; ils n'avaient guère pour vivre que leur petit commerce, et cette pension était même venue fort à propos pour les aider dans un moment difficile. Mais le petit Hyacinthe était si gentil, il leur témoignait tant d'affection par ses caresses et son langage naïf, qu'il eût été difficile de ne pas l'aimer.

Cinq à six années s'écoulèrent, desquelles l'enfant ne conserva par la suite qu'un bien vague souvenir. Êtres impuissants que nous sommes! les courts instants de notre séjour en ce monde sont encore trop longs pour notre mémoire. Quand nous arrivons au milieu de notre carrière, nos premiers jours échappent à notre esprit, qui cherche à en rassembler les images confuses.

Il est cependant des circonstances qui frappent quelquefois si vivement l'imagination de l'enfant, que jamais il ne peut en perdre le souvenir.

C'est ainsi que le petit Hyacinthe n'oublia jamais une cérémonie à laquelle il assista à l'âge de cinq ans, et la visite qui en fut la suite.

C'était en 1837. L'administration d'alors,

voulant effacer jusqu'à la trace de nos discordes civiles, rouvrit les portes de l'antique église Saint-Germain-l'Auxerrois, et Mgr de Quélen vint bénir ce sanctuaire profané, d'où était parti le signal du sac de l'archevêché. M. et Mme Boudois, M. et Mme Guichard ne manquèrent pas d'assister, avec le jeune Hyacinthe, à cette cérémonie, qui avait attiré une foule immense. Placés dans une tribune réservée, ils voyaient parfaitement tout ce qui se passait dans l'église. Mme Guichard tenait sur ses genoux le petit Hyacinthe, qui ouvrait de grands yeux émerveillés à l'aspect de cette pompe majestueuse, et ne cessait d'adresser des questions à *maman Guichard* et à sa marraine. Celles-ci y répondaient quelquefois, et le plus souvent lui imposaient silence en lui faisant comprendre qu'il fallait montrer plus de recueillement dans le lieu saint.

Lorsque la procession défila devant leur tribune, Hyacinthe demanda quels étaient ces enfants avec des calottes rouges et des robes blanches qui marchaient en tête du cortége. « Ce sont des enfants de chœur, répondit sa marraine.

— Et que font-ils les enfants de chœur?

— Ils chantent au chœur dans les offices, ou servent le célébrant à l'autel.

— Oh! je voudrais bien être comme eux!

— Mon ami, quand tu seras assez grand, si tu es bien sage, tu pourras obtenir cette faveur.

— Oh! quel bonheur! s'écria-t-il en frappant dans ses petites mains.

— Chut! chut! on ne parle pas tout haut à l'église... Tais-toi, ou tu ne seras jamais enfant de chœur. »

L'enfant se tut et continua à regarder attentivement le défilé de la procession...

Bientôt son attention fut frappée par l'arrivée du prélat officiant, qui bénissait la foule agenouillée de chaque côté de la nef. Quand il passa auprès de leur tribune, sa marraine et sa maman Guichard s'agenouillèrent aussi et firent le signe de la croix; il les imita, puis, lorsqu'elles se furent assises de nouveau, il demanda bien bas à sa maman : « Quel est ce curé qui marche en tenant de la main gauche un grand bâton d'or recourbé et en faisant des signes de croix de l'autre main ?

— C'est Mgr l'archevêque de Paris, répondit Mme Guichard.

— C'est-il celui qui est mon parrain ?

— Oui, mon enfant.

— Oh ! je voudrais bien le voir de près, et lui parler comme je parle à mon parrain Boudois.

— Eh bien, mon enfant, si tu es sage

jusqu'à la fin de l'office, reprit Mme Boudois, je te conduirai auprès de lui, et tu pourras lui parler, mais seulement quand il t'adressera la parole. Il faudra aussi avoir soin de ne pas l'appeler « mon parrain », comme quand tu parles à mon mari, mais toujours lui dire « Monseigneur ».

L'enfant le promit, et resta tranquille tout le reste du temps.

Après l'office, la marraine d'Hyacinthe et ses parents adoptifs le conduisirent au presbytère de Saint-Germain-l'Auxerrois, où l'archevêque donnait audience à un certain nombre de personnes, et, entre autres, à plusieurs des patrons des orphelins du choléra et à une soixantaine de leurs pupilles.

Après avoir reçu quelques grands personnages de l'ordre ecclésiastique et de l'ordre civil, le prélat dit en souriant au maître des cérémonies : « Allons, maintenant qu'on laisse venir à moi les petits enfants ! »

Aussitôt une dizaine d'orphelins, choisis parmi les plus jeunes, furent introduits avec les personnes qui les accompagnaient. Hyacinthe était un des plus petits et des moins âgés de cette première *fournée*. Le prélat les fit passer devant lui l'un après l'autre, les interrogeant et leur adressant des paroles pleines d'une bonté toute paternelle.

Quand vint le tour du petit Bichet : « Comment t'appelles-tu ? » lui demanda l'archevêque.

L'enfant baissa les yeux, et resta un instant silencieux. « Allons, réponds donc à Monseigneur, » lui dit à demi-voix sa marraine. Encouragé par ces paroles, il dit avec assez d'assurance : « Monseigneur, je m'appelle Hyacinthe-Louis Bichet.

— Hyacinthe-Louis Bichet! » fit le prélat d'un air étonné ; puis apercevant Mme Boudois : « Ah ! je comprends, Madame, lui dit-il, vous avez voulu me ménager une surprise ; c'est donc là votre... ou plutôt notre filleul ?

— Oui, Monseigneur ; Votre Grandeur daignera m'excuser si je me suis permis de le lui présenter sans l'avoir prévenue d'une manière plus positive, et de profiter de l'audience qu'elle accorde à quelques autres orphelins du choléra...

— Vous n'avez pas besoin d'excuse, Madame, et je vous sais gré de m'avoir fait faire sa connaissance dans un jour de fête comme celui-ci. Je ne vous demanderai pas encore compte de sa conduite ; aujourd'hui nous n'avons à nous occuper que de sa santé ; mais, à cet égard, sa figure est le meilleur témoignage qu'on puisse en donner. Quelles sont les personnes qui sont chargées de soigner cet enfant ? »

Mme Boudois s'empressa de présenter à l'archevêque M. et Mme Guichard. Le prélat le leur recommanda d'une manière particulière, en les engageant surtout à veiller avec le plus grand soin à son éducation religieuse. Il leur demanda ensuite sur quelle paroisse ils habitaient. Apprenant que c'était sur Saint-Germain-l'Auxerrois, il s'adressa au curé et lui dit :

« Je vous recommande de veiller sur cet enfant, placé chez M. et Mme Guichard, vos paroissiens ; c'est mon filleul, et l'un des premiers inscrits sur la liste des orphelins du choléra, si toutefois il n'est pas le premier. Quoique je porte à tous ces enfants un bien grand intérêt, vous comprenez que celui-ci a des droits plus particuliers à ma sollicitude. » Puis attirant l'enfant près de lui : « Voyons, mon petit ami, lui dit-il, sais-tu déjà prier le bon Dieu ?

— Oui, Monseigneur, je sais *Notre Père* et *Je vous salue, Marie;* puis je prie aussi pour papa et maman Bichet qui sont morts, puis pour la conservation de papa et de maman Guichard, de mon parrain et de ma marraine, et de tous mes bienfaiteurs.

— Bien, mon ami, continue, et j'aurai soin de toi; quand tu seras devenu un grand garçon, nous tâcherons de te placer convenablement.

— Eh bien, Monseigneur, dit l'enfant, à qui l'affabilité du prélat avait fait perdre toute sa timidité, je voudrais bien être habillé comme ces enfants-là; » et il montrait deux enfants de chœur qui se trouvaient en ce moment près de M. le curé. « Ma marraine m'a dit que, si j'étais bien sage, je pourrais devenir comme eux, et si vous le vouliez, mon parrain, Monseigneur, je veux dire...

— Certainement, je ne m'y opposerai pas, mon enfant... Monsieur le curé, vous entendez le désir manifesté par cet enfant? veuillez, je vous prie, en prendre note; je serais très-content, pour ma part, que le petit Hyacinthe Bichet devînt un jour enfant de chœur à Saint-Germain-l'Auxerrois. » A ces mots, il embrassa l'enfant, lui donna sa bénédiction, puis il continua la réception des autres orphelins.

On comprend que le souvenir d'une pareille journée ne s'effaça jamais de la mémoire du jeune Hyacinthe. Il en parlait sans cesse, et demandait chaque jour s'il aurait bientôt le bonheur de revoir *monseigneur son parrain*. On le lui promit, s'il se rendait digne de cette faveur en apprenant à lire, et en se montrant docile envers ses

maîtres. On venait de le placer, par les soins
de M. le curé, à l'école des frères de la paroisse ; car nous ferons remarquer, en passant, que le digne pasteur, conformément
aux recommandations de son évêque, veillait d'une manière toute particulière sur le
jeune orphelin. Du reste, il reconnut bientôt que sa tâche était rendue facile par le
choix heureux qui avait été fait de la famille
à laquelle cet enfant avait été confié, et
par la sollicitude constante de sa marraine,
Mme Boudois, qui ne cessait de lui donner
des marques du plus touchant intérêt.

Un jour celle-ci, dans une visite qu'elle
fit à la famille Guichard, annonça au petit
Hyacinthe qu'elle le conduirait le 1er janvier prochain, — on était au mois de décembre 1839, — souhaiter la bonne année
à son parrain. Elle lui apportait en même
temps un compliment fort court, qu'avait

composé M. Boudois pour la circonstance,
et que le petit Hyacinthe devait écrire et
apprendre par cœur. L'enfant accueillit cette
nouvelle avec des transports de joie faciles
à concevoir.

« Monseigneur est donc mieux portant?
demanda Mme Guichard; nos prières au-
raient-elles été exaucées?

— Il ne faut pas encore nous en flatter,
répondit Mme Boudois, et nous ne devons pas
cesser d'implorer le Ciel pour la conservation d'une existence si précieuse. Cependant,
s'il n'y a pas un mieux sensible, il n'y a
pas non plus de recrudescence marquée;
j'ai entendu dire à des médecins que cet
état pourrait durer tout l'hiver, et ne s'a-
méliorer qu'au retour de la belle saison. Du
reste, quoiqu'il doive éprouver de grandes
souffrances, à peine le laisse-t-il apercevoir,
tant il sait conserver une admirable égalité

d'âme. Hier, mon mari et moi nous avons eu l'honneur d'être admis en sa présence; jamais je ne l'ai vu si bon, si affable, si affectueux. Le premier il m'a parlé de *notre* filleul, et il a paru très-satisfait des témoignages que je lui en ai rendus.

« Comme je lui disais que depuis le jour où il l'avait vu pour la première fois à Saint-Germain - l'Auxerrois, l'enfant manifestait souvent le désir de lui être de nouveau présenté : « Eh bien, m'a-t-il dit, amenez-le-moi pour le jour de l'an ; je ne recevrai aucune visite officielle, pas même les députations du clergé; les médecins me l'ont défèndu, et je leur dois obéissance. Ils m'ont permis seulement de voir les personnes de ma famille, et c'est à ce titre-là que je me ferai un vrai plaisir de recevoir le petit Hyacinthe, car il est mon fils en Jésus-Christ, et j'ai promis à son père, sur son lit de mort, d'en avoir soin comme de mon propre enfant. »

Nous laissons à penser si l'on se préparait avec joie pour ce beau jour. Mme Guichard, qui devait accompagner l'enfant avec sa marraine, s'était fait faire une robe neuve pour la circonstance ; on avait aussi habillé de neuf le petit orphelin, qui de son côté avait travaillé avec tant d'ardeur à apprendre son compliment, qu'il l'avait su dès le lendemain, et le récitait dix fois par jour à tout venant, de peur de l'oublier. Il en avait fait aussi au moins dix copies, de sa plus belle écriture, et toujours il voulait recommencer, parce qu'il y trouvait toujours des défauts.

Mais pendant les fêtes de Noël une nouvelle sinistre vint faire présager l'inutilité de ces préparatifs. Un mandement des vicaires généraux ordonna des prières publiques pour M⁔ l'archevêque, dont la maladie venait tout à coup de prendre une gravité des plus inquiétantes. Une foule immense se pressait dans les églises pour demander à Dieu la conservation de son pasteur si longtemps méconnu, si longtemps exposé à de terribles secousses qui avaient dû hâter sa fin.

Le petit Hyacinthe ne fut pas, comme on le pense bien, un de ceux qui prièrent avec le moins de ferveur dans cette circonstance ; mais les prières des vieillards comme celles des enfants, celles des lévites comme celles des laïques, ne purent rien changer au décret de Dieu, qui avait jugé que le vénérable pontife avait été suffisamment éprouvé sur la terre, et que le temps était venu de le couronner dans le ciel.

M⁔ de Quélen mourut le 31 décembre 1839. Le lendemain, 1ᵉʳ janvier, jour où

le petit Hyacinthe s'était fait une si grande
fête de voir son parrain et de lui souhaiter
la bonne année, il se rendait à Notre-Dame
avec ses parents adoptifs et sa marraine.
Tous étaient en grand habit de deuil. Là il
lui fut permis de contempler pour la dernière fois les traits de celui qui avait exercé
une influence si salutaire sur son existence.
Quoique bien changés par la mort, ces traits
n'étaient pas défigurés; l'enfant, les larmes
aux yeux, reconnut son parrain, qu'il n'avait
vu qu'une fois, deux ans auparavant, et qu'il
s'attendait à complimenter en ce jour... Il
s'agenouilla sur les marches de la chapelle
ardente où était exposé le corps du prélat,
et, au lieu du compliment qu'il avait préparé, il récita pieusement le *De profundis*.

VII

L'enfant de chœur.

La mort de l'archevêque de Paris n'apporta aucun changement aux dispositions des protecteurs du petit Hyacinthe. Sa marraine, son père et sa mère adoptifs semblèrent, au contraire, redoubler de tendresse pour lui; et le curé de Saint-Germain-l'Auxerrois lui témoignait plus que jamais une sollicitude toute paternelle. Il est vrai que l'enfant répondait admirablement à la bienveillance dont il était l'objet. Il était intelligent, docile, et montrait une véritable piété.

Lorsqu'il eut atteint l'âge de dix ans,

M. le curé, d'après le désir que l'enfant en avait toujours manifesté, le fit entrer comme élève de la maîtrise de Saint-Germain. Il avait une assez jolie voix, et il fit des progrès rapides dans la musique. L'année suivante, Hyacinthe était admis comme enfant de chœur, et peu de temps après faisait sa première communion. Sa piété ne se démentit pas, et il se montra aussi fervent qu'assidu dans l'exercice de ses devoirs.

Nous aurions pu clore ici notre récit; car l'histoire d'Hyacinthe Bichet n'offre rien d'extraordinaire à partir de son admission à la maîtrise de Saint-Germain-l'Auxerrois. Mais une rencontre qu'il fit un jour, pendant qu'il exerçait les fonctions d'enfant de chœur, vint troubler pendant quelque temps la sérénité de son âme, et jeter dans sa vie une cause de tristesse et d'amertume que le temps a eu de la peine à effacer.

Un jour, — c'était pendant l'été de 1846, — Hyacinthe était de garde à la sacristie, lorsqu'un de ses camarades vint le prévenir qu'un homme l'attendait au bas de l'église, au-dessous de l'orgue. L'orphelin s'empressa de s'y rendre, pensant que c'était quelqu'un de la paroisse qui avait un renseignement à lui demander, comme cela arrivait assez fréquemment. En s'approchant de l'homme qui l'attendait, il remarqua que sa figure lui était tout à fait inconnue. Cet homme paraissait avoir au moins quarante-cinq ans ; il portait une barbe touffue, passablement inculte et commençant un peu à grisonner. Ses vêtements étaient négligés, son linge était sale ; une forte odeur de tabac et de vin s'exhalait de ce singulier personnage. Hyacinthe, en le voyant, se promit bien de s'en débarrasser le plus tôt possible.

« Est-ce vous, Monsieur, lui dit-il en l'abordant, qui m'avez fait demander? Veuillez me dire ce qu'il y a pour votre service.

— Est-ce vous qui vous appelez Hyacinthe-Louis Bichet? fit l'étranger sans paraître faire attention à la demande de l'enfant de chœur.

— Moi-même.

— En ce cas, j'ai à vous parler en particulier; mais, comme l'entretien que je désire avoir avec vous ne saurait avoir lieu ici, veuillez, je vous prie, sortir un instant avec moi.

— Je ne saurais m'absenter longtemps, car je suis de garde; je puis tout au plus vous donner dix minutes, sous le portail ou dehors.

— Soit. Peut-être, quand vous saurez qui je suis, désirerez-vous causer plus longtemps avec moi. »

Cette réponse intrigua Hyacinthe, qui

3*

s'empressa de suivre l'étranger. Quand ils furent arrivés sous le porche, — absolument désert à cette heure, il était trois heures de l'après-midi, — l'homme à la barbe dit à l'enfant :

« Vous ne vous doutez guère, jeune homme, que j'ai été, tel que vous me voyez, pendant plus de dix ans le meilleur ami de votre père.

— Vous avez connu mon père ! s'écria Hyacinthe avec un transport de joie, et vous voulez me parler de lui ! Ah ! Monsieur, vous aviez raison de dire que, lorsque je saurais qui vous êtes, je désirerais m'entretenir longtemps avec vous. »

Nous ferons observer, en passant, que Hyacinthe n'avait jamais eu que des renseignements très-vagues sur ses parents.

M. et Mme Guichard ne les avaient jamais connus, et n'en avaient même pas entendu parler. Mme Boudois n'en savait pas davantage, ou, si elle savait quelque chose, elle avait toujours gardé un profond silence à cet égard. Tout ce qu'il savait, tout ce qu'on avait pu lui apprendre, c'est que son père était tailleur d'habits, qu'il était mort du choléra à l'Hôtel-Dieu pendant l'épidémie de 1832, qu'il avait été confessé par l'archevêque, et que celui-ci lui avait promis de prendre soin de son enfant. Mais il n'en désirait pas moins connaître quelques détails de la vie et des antécédents de ses parents, et il saisit avidement l'occasion que lui offrait cet étranger.

« Veuillez m'excuser, Monsieur, ajouta-t-il; je retourne à la sacristie ôter mes habits de chœur et tâcher de me faire remplacer. Dans deux minutes je vous rejoindrai. »

L'autre fit signe qu'il attendrait. Peu de temps après, Hyacinthe était de retour.

« Eh bien, Monsieur, me voilà prêt à vous écouter, dit le jeune homme en l'abordant.

— Et moi je suis prêt à parler ; mais nous ne pouvons pas causer ici sous ce porche ; allons chez un marchand de vin demander une bouteille, et nous nous mettrons dans un cabinet particulier où nous jaserons tout à notre aise.

— Pardon, Monsieur..., je n'ai jamais été chez un marchand de vin, et... je... ne pourrais pas...

— Ah! bon, des scrupules!... je croyais que vous vous en seriez débarrassé avec votre soutane rouge ; mais puisque vous y tenez, nous irons où vous voudrez.

— Eh bien! en ce cas, allons dans les galeries du Louvre. »

L'autre y consentit ; ils traversèrent la place, et bientôt ils se trouvèrent dans une galerie isolée, où ils purent causer à leur aise. L'étranger commença ainsi : « Pour vous prouver que j'ai été l'ami de votre père, il me suffira de vous faire connaître mon nom. Je me nomme François Molard, et j'ai signé, comme témoin et comme ami de votre famille, sur les registres de la mairie, en compagnie de M. Boudois, le mari de votre marraine. C'est moi qui ai aidé à transporter votre père à l'hôpital, quand il a été attaqué du choléra; et, avant de mourir, il m'a souvent répété et fait promettre de ne jamais abandonner son fils. J'ai fait cette promesse; mais je n'ai pu la tenir jusqu'ici, parce que je n'étais pas en position de le faire. Aujourd'hui, c'est différent; quoique je n'aie pas l'air d'un bourgeois cossu, j'appartiens à une société assez puissante, qui, en considération de votre père et de moi, est prête à vous recevoir dans son sein, et à vous procurer une existence convenable et en rapport avec vos goûts et les connaissances que vous avez acquises ; car tous nous avons pensé que vous deviez vous ennuyer horriblement dans l'état que les calotins vous ont forcé d'embrasser... »

Hyacinthe avait d'abord écouté cet homme avec intérêt ; maintenant il ne le comprenait plus, ou plutôt il craignait de le comprendre. Il se hâta donc de lui couper la parole en lui disant :

« Mais non, Monsieur, je vous l'assure, je ne m'ennuie nullement dans les fonctions que j'exerce ; c'est moi-même qui les ai choisies, et personne ne m'a forcé.

— Bah ! c'est pas croyable qu'un jeune homme de votre âge s'amuse à toutes ces simagrées qu'on fait dans vos églises du matin au soir ; je le vois bien, vous êtes encore sous l'influence des prêtres qui vous dominent, qui vous font peur. Eh bien, rassurez-vous, avant peu leur pouvoir sera anéanti ; d'ailleurs, une fois dans notre société, vous serez à l'abri de leur puissance, et vous n'aurez rien à craindre de leurs poursuites.

— Encore une fois, Monsieur, je ne vous comprends pas. Les prêtres n'exercent sur moi aucune autorité, si ce n'est une autorité morale et toute volontaire de ma part ; et, loin de vouloir m'y soustraire, je repousserai, au contraire, énergiquement toute tentative qui aurait pour objet de m'enlever à l'obéissance que je dois à cette autorité.

— Est-ce bien possible qu'un jeune homme, que le fils de François Bichet me tienne un pareil langage ! Oh ! malheureux enfant ! Quel serait l'étonnement de ce pauvre ami, s'il revenait au monde et voyait son fils enfant de chœur à Saint-Germain-l'Auxerrois! lui qui avait si bien travaillé il y a quinze ans à bouleverser cette église...

— Que dites-vous! s'écria Hyacinthe en rougissant, mon père aurait été un des dévastateurs de cette église! C'est impossible! vous voulez m'en imposer!

— Tiens! comme tu prends feu, camarade; eh bien! oui, ton père et moi nous avons rudement aidé à la besogne; même que c'est nous deux qui avons tiré les premiers sur la corde qui a abattu la croix qui était là-haut, et à la place de laquelle on a mis un ange.

— Ne m'en dites pas davantage; je ne vous crois pas, je ne veux pas vous croire. » Et à ces mots il se leva et s'éloigna rapidement.

« Ah! c'est comme ça que l'on quitte les amis! s'écria Molard en le suivant à dis-

tance... Nous nous reverrons, et je saurai si
le fils de François Bichet, qui devrait être
un vrai louveteau, a été abêti à ce point par
les prêtres ou s'il a été changé en nourrice. »

Le pauvre Hyacinthe, éperdu à cette ré-
vélation, rentra comme anéanti à la sacristie.
Le prêtre de garde, qui l'aimait beaucoup,
lui demanda ce qu'il avait, et eut beaucoup
de peine à obtenir l'aveu de ce qui venait de
se passer.

« Mais, Monsieur, répétait-il, cet homme
a-t-il dit vrai ! mon père aurait-il été un des
profanateurs sacriléges de cette église?

— Et quand cela serait, il n'est point de
crime que le repentir et la confession n'ef-
facent, et qui ne trouve grâce devant la
miséricorde infinie de Dieu; et la preuve
que si votre père a commis cette offense, elle
lui a été pardonnée, c'est que Monseigneur
lui-même a reçu sa confession, et que, pour

gage de réconciliation, il vous a en quelque sorte adopté pour son enfant, et a voulu vous donner son nom sur les fonts baptismaux.

— Cela est vrai pourtant, et cela me fait mieux comprendre l'immense charité du saint prélat que nous avons perdu. C'est égal, désormais je n'oserai plus reparaître dans cette église en habit de chœur ; il me semble que des voûtes du sanctuaire et du pied de l'autel des voix sortiraient pour me dire : « Ce n'est pas ici ta place ; tu ne dois pas entrer dans un lieu profané par ton père !... Arrière, fils d'un sacrilége ! »

— Calmez, mon enfant, ces transports de votre imagination exaltée. Et moi je crois, au contraire, que vous avez été, pour ainsi dire, choisi comme le réparateur vivant des sacriléges commis par ceux qui ne sont plus. C'est Dieu qui, dès votre première enfance et le jour même où cette église a été rouverte au culte, vous a inspiré cette pensée; et c'est ainsi que l'envisageait votre saint protecteur, quand il parut enchanté de votre désir, et qu'il chargea M. le curé d'en prendre note. »

Ces paroles, et les encouragements de sa marraine, à qui il alla le soir même raconter sa rencontre, calmèrent un peu l'esprit d'Hyacinthe. Cependant on jugea à propos de l'éloigner quelque temps de Paris, afin qu'il ne fût pas exposé à rencontrer une seconde fois « l'ami de son père ». M. Boudois l'emmena passer trois mois à Vernon, dans le pays où il avait été en nourrice.

A son retour à Paris, il apprit que Molard s'était encore présenté deux fois à Saint-Germain-l'Auxerrois pour le demander. On jugea alors prudent de le faire quitter tout à fait la maîtrise, d'autant plus que la mue récente de sa voix ne lui permettait pas de chanter. On le plaça dans une maison de commerce du faubourg Montmartre. Après trois ans d'apprentissage, Hyacinthe est venu reprendre la boutique de ses parents adoptifs, qu'il a agrandie; aujourd'hui il est un des honorables négociants du quartier, et un des paroissiens les plus édifiants de Saint-Germain-l'Auxerrois.

Il n'a plus entendu parler de Molard, qui, dit-on, a été tué pendant les journées de juin 1848.

FIN

7571. — Tours, impr. Mame.

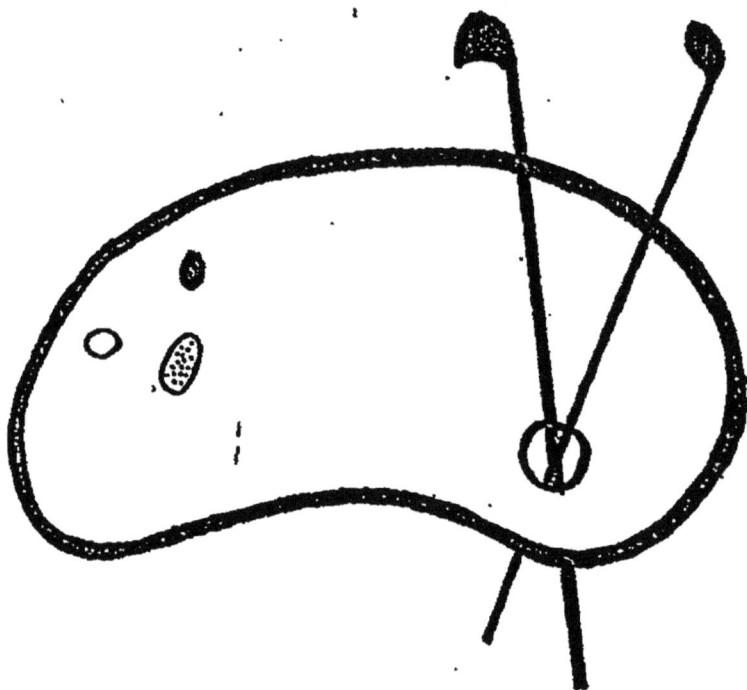

ORIGINAL EN COULEUR
NF Z 43-120-8

www.ingramcontent.com/pod-product-compliance
Lightning Source LLC
Chambersburg PA
CBHW060608100426
42744CB00008B/1363